*Argraffiad cyntaf: Mai 1999*

*Rhif Llyfr Safonol Rhyngwladol: 0-86381-563-4*

*Hawlfraint: Awdurdod Cwricwlwm ac Asesu Cymru 1999*

*Sganio a chynllun y clawr: Smala, Caernarfon; allosod: Interprint, Melita.*

*Cyhoeddir gan Wasg Carreg Gwalch, 12 Iard yr Orsaf, Llanrwst, Dyffryn Conwy LL26 0EH.
Ffôn: 01492 642031    Ffacs: 01492 641502
E-bost: llyfrau@carreg-gwalch.co.uk   Lle ar y we: www.carreg-gwalch.co.uk*

# Amser maith yn ôl

*Llyfr chwedl a hanes*
gyda nodiadau a gweithgareddau pellach

**John Owen Huws**

*Arlunwaith:*
**Gini Wade**

GWASG **Carreg Gwalch**

4

# Cynnwys

## Y chwedlau a'r hanesion

### Nodiadau a gweithgareddau pellach

# Melangell

Amser maith yn ôl, roedd tywysog yn byw ym Mhowys. Ei enw oedd Brochwel ac roedd yn ŵr cyfoethog iawn. Anaml y byddai gartref yn ei lys ym Mhengwern oherwydd roedd wrth ei fodd yn hela. Byddai'n treulio oriau lawer ar drywydd cadno, blaidd, carw neu faedd. Oherwydd ei fod mor gyfoethog doedd dim rhaid iddo weithio. Medrai fynd i hela bob dydd.

Un diwrnod roedd Brochwel wedi penderfynu mynd i hela ymhellach nag arfer. Roedd y tywysog a'i helwyr yn barod i adael y llys wrth iddi wawrio.

'Siawns na chawn ni helfa dda heddiw Brochwel,' meddai un.

'Ie wir,' meddai un arall, 'does dim gwell gen i na chig carw.'

'Does wybod beth godwn ni,' meddai Brochwel, gan osod ei gorn hela aur am ei wddf. 'I ffwrdd â ni!'

Carlamodd yr helwyr ar eu ceffylau hardd allan o'r llys. Dilynwyd hwy gan haid o gŵn hela ffyrnig.

Anelodd Brochwel am y bryniau pell. Cyn bo hir roeddent yn marchogaeth drwy gwm hir. Roedd hon yn rhan o Bowys oedd yn ddieithr iawn iddynt.

Ar hynny dechreuodd y cŵn udo a chwythodd y tywysog ei gorn aur. Roedd carw coch wedi rhedeg o gysgod coed ac roedd yr helfa yn carlamu ar ei ôl.

Roedd y cŵn cyntaf ar ei sodlau bellach. Yn sydyn trodd y carw i'r ochr a diflannu.

'Peidiwch â phoeni!' gwaeddodd Brochwel. 'Fe godwn ni rywbeth arall yn y man.'

Ar y gair rhuthrodd blaidd llwyd heibio i'r cŵn ac ail-ddechreuodd yr helfa. Ond dianc wnaeth y blaidd llwyd yntau. Felly hefyd faedd – a chadno coch!

Bellach roedd Brochwel yn flin iawn. Ofnai y byddai'n rhaid dychwelyd i Bengwern yn waglaw. Roedd yn rhaid dal rhywbeth . . .

Carlamodd yr helwyr ymlaen. Erbyn hyn roedd y cwm yn dechrau culhau. Fyddai hi ddim mor hawdd i'r anifeiliaid ddianc bellach.

'Sgwarnog!' bloeddiodd y tywysog. 'Ar ei hôl hi!'

Roedd y greadures fach lwyd yn rhedeg am ei bywyd a'r cŵn a'r ceffylau ar ei hôl.

'Gwae chi os caiff hon ddianc,' meddai Brochwel. Chwythodd ei gorn i annog y cŵn ymlaen. Roedd gobaith dal rhywbeth o'r diwedd. Roedd pen draw'r

cwm o'u blaenau a doedd dim gobaith i'r sgwarnog ddianc.

Yn sydyn camodd gwraig ifanc o gysgod coeden. Rhedodd y sgwarnog fach ati a chysgodi dan ei gwisg laes.

'Gollwng y sgwarnog yna'n rhydd ar unwaith!' gwaeddodd Brochwel.

'Er mwyn i ti gael ei lladd? Na wnaf,' meddai'r wraig ifanc.

'Y tywysog Brochwel ydw i. Does neb yn dweud "Na" wrtha i.'

'A Melangell ydw innau. Does neb yn cael lladd fy anifeiliaid i.'

'Os na symudi di fe fydda i'n gollwng y cŵn yn rhydd,' meddai Brochwel.

'Dim ots gen i. Chei di ddim cyffwrdd yn y sgwarnog fach yma.'

Roedd Brochwel wedi cael digon. Hysiodd ei

gŵn ymlaen drwy chwythu ei gorn aur. Ond nid oeddent yn symud. Waeth faint waeddai'r tywysog arnynt, roeddent yn sefyll yn stond. Roeddent fel petaent wedi deall geiriau Melangell.

'Pwy wyt ti mewn gwirionedd?' gofynnodd y tywysog.

'Melangell, fel y dywedais i. Rydw i wedi dod yma i addoli Duw ac i ofalu am anifeiliaid y cwm.'

Pan glywodd Brochwel hyn aeth ar ei liniau.

'Santes wyt ti! Mae'n ddrwg gen i fod mor gas. O hyn ymlaen ti biau'r cwm yma. Cei wneud fel y mynni yma ac ni chaiff neb hela yn y cwm.'

Ar hynny, ymddangosodd pob math o anifeiliaid gwyllt o'r coed. Roedd yno geirw, bleiddiaid, cwningod, baeddod a sawl cadno. Roedd yno hefyd bob math o adar a'r cwbl yn ddi-ofn oherwydd Santes Melangell.

* * *

Enw'r cwm lle digwyddodd hyn yw Pennant
Melangell. Mae'r eglwys a gododd Melangell
yn dal yno. Daeth y santes yn enwog am ei
hoffter o anifeiliaid. Hyd heddiw mae gan
bobl yr ardal enw rhyfedd ar sgwarnogod.
Wyddoch chi beth ydi o? Ŵyn bach Melangell
ydi'r ateb, oherwydd i'r sgwarnog fach honno
guddio dan wisg laes y santes.

# Cyfrinach Llyn Tegid

Llyn y Bala yw llyn naturiol mwyaf Cymru. Enw arall arno yw Llyn Tegid. Mae'n dair milltir a hanner o hyd a hanner milltir o led. Ganrifoedd lawer yn ôl doedd dim llyn yma o gwbl. Tref fawr oedd yma ac mae stori ddiddorol am yr hyn ddigwyddodd.

Yn ôl yr hen bobl, safai tref wreiddiol y Bala mewn dyffryn coediog braf. Ond os oedd y dref mewn lle braf, dyn ofnadwy oedd ei thywysog. Tegid Foel oedd hwn. Ef oedd berchen holl dir y cwm ac roedd yn ddyn creulon tu hwnt. Roedd yn trin pobl yn wael. Roedd hyd yn oed yn lladd pobl nad oedd yn eu hoffi.

Ymhen rhai blynyddoedd dechreuodd pobl y dref glywed llais yn galw:

'Daw dial! Daw dial!'

Wyddai neb o ble y deuai'r llais. Roedd fel petai'n dod o'r awyr.

Clywodd Tegid Foel y llais hefyd. Wnaeth o ddim mymryn o wahaniaeth chwaith. Chwerthin yn gas wnaeth o ac roedd yn fwy creulon nag erioed.

Ymhen amser newidiodd y geiriau. Yr hyn a glywai pobl yn awr oedd:

'Daw dial pan fydd plant i'r plant! Daw dial pan fydd plant i'r plant!'

Un diwrnod cafodd Dafydd, hen delynor o'r bryniau, orchymyn gan y tywysog cas. Roedd i ganu ei delyn mewn gwledd. Roedd mab Tegid Foel wedi cael mab ac roedd eisiau dathlu.

Cofiai'r hen ŵr am y geiriau:

'Daw dial pan fydd plant i'r plant.'

Ofnai fod rhywbeth am ddigwydd yn y wledd ond doedd wiw iddo wrthod. Gwyddai mor greulon y gallai Tegid Foel fod.

Cododd ei galon ar ôl cyrraedd y wledd. Roedd pawb mor hapus yn dawnsio nes gwneud i Dafydd anghofio am y tywysog cas. Cyn bo hir roedd ei fysedd yn carlamu dros dannau'r delyn. Fel y cyflymai'r gerddoriaeth

cyflymai'r dawnsio a phawb yn chwerthin.

Yn sydyn clywodd yr hen delynor lais bach tawel:

'Daeth dial.'

Nid oedd yn sicr iddo ei glywed yn iawn. Gwrandawodd yn astud a'r tro yma fe'i clywodd yn glir.

'Daeth dial.'

Tywysog creulon neu beidio roedd yn rhaid gadael ar unwaith. Wnaeth Dafydd ddim hyd yn oed mynd â'i delyn gydag ef. Rhedodd allan o'r palas. Rhedodd allan o'r dref. Rhedodd i fyny am y bryniau uwchlaw'r dyffryn.

Arhosodd Dafydd i gael ail wynt a dechrau meddwl peth mor wirion oedd wedi ei wneud. Roedd yn noson dawel braf. Doedd dim sôn am ddinistr na dial. Y peth callaf i'w wneud fyddai mynd yn ôl. Gallai fod yn ôl cyn y ddawns nesaf. Efallai na fyddai Tegid Foel wedi sylwi iddo adael y palas.

Erbyn hyn roedd niwl wedi disgyn o'r mynydd. Yn ei frys i ddychwelyd methodd Dafydd y llwybr a sylweddolodd ei fod ar goll. Ofnai ei bod ar ben arno'n awr. Byddai'r tywysog yn siŵr o fod wedi gweld ei golli a dyna'i diwedd hi.

Bu'r hen delynor yn crwydro'n ofer drwy'r nos nes i'r wawr dorri. Ar unwaith gwelodd Dafydd y llwybr a brysiodd i lawr y llethr at y dref. Ond roedd honno wedi diflannu!

Ar waelod y dyffryn bellach roedd clamp o lyn. Ar wyneb tawel y dŵr nofiai ei delyn. Roedd Tegid Foel a'i balas wedi mynd am byth, ac yn eu lle daeth Llyn Tegid.

Yn ôl rhai, mae'n bosib clywed clychau hen dref y Bala o dan y dŵr. Nosweithiau tawel yr haf yw'r rhai gorau os ydych am eu clywed meddan nhw. Maen nhw hefyd yn dweud y byddai pysgotwyr yn gallu gweld gweddillion y dref o dan y dŵr o'u cychod ers talwm.

Efallai y medrai nofwyr tanddwr fynd dan y
tonnau i chwilio am dref goll Tegid Foel.
Wedi'r cwbl, mae pob math o bethau rhyfedd
o dan ddŵr Llyn Tegid. Un o'r rhain yw
pysgodyn od a phrin o'r enw gwyniad. Maen
nhw'n dweud fod bwystfil yn byw yn y llyn
hefyd. Ei enw yw Tegi, ond stori arall yw
honno . . .

# Brwyniaid Afon Conwy

Roedd y tywydd yng Nghymru wedi bod yn wael iawn. Ar ddechrau'r gaeaf daeth glaw mawr nes bod yr afonydd i gyd yn llifo dros eu glannau. Yna daeth trwch o eira gan orchuddio'r wlad fel planced wen. Cafwyd rhagor o law a llifogydd yn y gwanwyn. Ddechrau'r haf daeth yr haul a sychu'r tir yn grimp. Methodd y cnydau ac aeth bwyd yn brin.

Roedd y bobl yn denau a thrist iawn. Doedd dim yn tyfu yn y gerddi na'r caeau. Ni ellid prynu dim i'w fwyta am bris yn y byd. Roedd yr anifeiliaid yn denau ofnadwy hefyd. Roedd yr haul poeth wedi sychu'r gwellt glas oedd yn fwyd iddynt nes ei fod yn sych a chras.

Yn Nyffryn Conwy roedd bwyd yn brin tu hwnt. Yno'r oedd Gwion a Siân yn byw. Roedden nhw'n frawd a chwaer. Cerddai eu tad am oriau bob dydd yn chwilio am gnau a ffrwythau gwyllt i'w bwyta ond roedd y rheini hefyd yn brin.

'Ffraid all ein helpu,' meddai Siân wrth ei brawd un diwrnod. 'Mae hi'n ddynes dda iawn ac yn gwneud llawer o waith i helpu pobl.'

'Mae hi'n gweddïo llawer,' meddai Gwion.
'Efallai y gwnaiff hi weddïo drosom ni.'

Cwt bach crwn gyda
tho gwellt oedd
cartref Ffraid.
Safai wrth ymyl
yr eglwys

lle treuliai Ffraid lawer o amser yn gweddïo.
Ffraid a'i chyfeillion oedd wedi codi'r eglwys.

'Bore da blant.'

'Bore da Ffraid. Fedrwch chi gael bwyd i ni?' meddai Siân.

'Does dim ar ôl yn y tŷ,' meddai Gwion.

'Ewch adref, blant,' oedd ateb Ffraid. 'Fe af i weddïo ar Dduw am fwyd i bobl Dyffryn Conwy.'

Bu Ffraid ar ei gliniau yn yr eglwys am oriau. Fel yr oedd yr haul yn machlud dros Eryri, agorodd drws yr adeilad pren ac aeth y wraig garedig am dro at lan afon Conwy cyn noswylio.

Cerddodd gyda glan yr afon gan sylwi mai'r brwyn a dyfai ger y dŵr oedd yr unig beth gwyrdd o'i chwmpas. Roedd popeth arall wedi gwywo.

Pan oedd yn blentyn yn Iwerddon roedd Ffraid wedi dysgu gwneud cwch hwylio bach syml gyda brwynen. Gwnaeth un yn awr a'i roi ar y dŵr.

Disgwyliai ei weld yn hwylio tua'r môr gyda'r lli ond yn lle hynny symudodd i fyny'r afon. Yna sylwodd Ffraid fod y cwch yn dod o'i gilydd a bod y frwynen yn nofio fel pysgodyn . . . Pysgodyn oedd o!

Taflodd Ffraid frwynen arall ac un arall i'r dŵr a digwyddodd yr un peth bob tro. Roedd gwyrth wedi digwydd.

Rhuthrodd Ffraid i gartref Gwion a Siân i dorri'r newyddion da. Dim ond taflu dyrnaid o frwyn i'r afon, roedd digon o bysgod i'w cael. Byddai'r pysgod yn cadw pobl y dyffryn yn fyw nes tyfai'r cnydau newydd.

Lledodd yr hanes drwy Ddyffryn Conwy fel tân gwyllt. Cyn bo hir roedd criw hapus o bobl ar lan yr afon. Gwenai pawb oherwydd roedd y newyn ar ben, diolch i Ffraid.

Digwyddodd hyn amser maith yn ôl ond mae eglwys Ffraid yn dal yno heddiw. Ei henw yw Llansanffraid. A'r pysgod rhyfedd? O ydyn, maen nhw'n dal yn afon Conwy hyd heddiw hefyd. Brwyniaid mae'r bobl leol yn eu galw erbyn hyn oherwydd bod lliw y brwyn daflodd Ffraid i'r afon yn dal arnyn nhw.

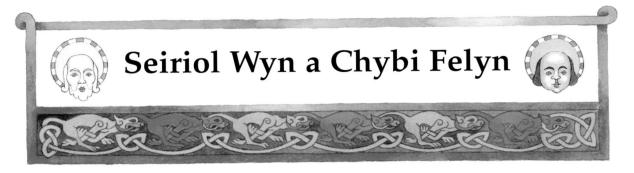

# Seiriol Wyn a Chybi Felyn

Dau sant oedd Cybi a Seiriol. Roedd y ddau yn ffrindiau mawr. Roedd y ddau eisiau byw mewn lle tawel, unig. O ganlyniad aethant i fyw ar ynysoedd ger sir Fôn.

Ynys Cybi oedd cartref Cybi tra oedd Seiriol yn byw ar Ynys Seiriol. Roedd yr haul yn machlud dros Ynys Cybi bob nos. Gwawriai'r haul dros Ynys Seiriol bob bore.

Mae deng milltir ar hugain rhwng y ddwy ynys. O ganlyniad doedd Cybi a Seiriol ddim yn gweld llawer ar ei gilydd. Un diwrnod digwyddodd y ddau ffrind gyfarfod.

'Cybi yr hen gyfaill, mae'n dda dy weld di eto!'
'A thithau Seiriol. Sut mae pethau?'
'Da iawn diolch.'
'Mae'n rhaid i ni gyfarfod yn amlach,' meddai Cybi.

30

'Dyna syniad da,' meddai Seiriol, 'neu fe fyddwn wedi colli adnabod ar ein gilydd!'

'Fe wn i beth wnawn ni,' meddai Cybi. 'Fe wnawn ni gyfarfod yng nghanol Môn.'

'Ble mae fanno?' gofynnodd Seiriol.

'Clorach ydi enw'r lle. Os wnawn ni gyfarfod yno, yr un faint yn union fydd gan y ddau ohonom i gerdded.'

'Syniad gwych,' meddai Seiriol. 'Clorach amdani o hyn ymlaen felly.'

Am fod ffordd bell i gerdded i Glorach, cychwynnai'r ddau ffrind ben bore. Wynebai Cybi yr haul yn y bore. Wrth gerdded yn ôl at Ynys Cybi yn y prynhawn wedyn roedd yr haul yn machlud ar y gorwel a'r pelydrau'n taro wyneb y sant. O ganlyniad cafodd Cybi liw haul ar ei wyneb. Cafodd ffugenw hefyd, sef Cybi Felyn.

Fel arall oedd hi ar Seiriol. Byddai â'i gefn at yr haul wrth gerdded am Glorach o gyffiniau Ynys Seiriol. Wrth ddychwelyd yn y prynhawn wedyn ei war fyddai at yr haul. Byddai ei wyneb yn y cysgod. O ganlyniad ni châi byth liw haul. Cafodd yntau ffugenw hefyd, sef Seiriol Wyn.

Yng Nghlorach roedd dwy ffynnon. Arferai'r ddau sant yfed y dŵr i dorri eu syched ar ôl yr holl gerdded. Weithiau byddai sant arall o'r enw Eilian yn dod atynt. Yr adeg honno byddai'r tri yn sgwrsio am oriau lawer.

Dechreuodd pobl Môn fynd i Glorach i geisio cael iachâd oherwydd bod y seintiau yn cyfarfod yno. Daeth yn lle sanctaidd yn eu golwg.

Un diwrnod daeth mam a'i phlentyn draw at y seintiau.

'Cybi, Seiriol, da chi, fedrwch chi iacháu fy maban bach?' meddai'r wraig.

'Beth sydd yn bod?' gofynnodd Cybi.

'Cafodd ei eni'n ddall,' meddai'r fam.

'Edrych Cybi,' meddai Seiriol, 'fedr y creadur bach ddim agor ei lygaid.'

'Da chi, ceisiwch ei wella,' crefodd y fam. 'Rydw i wedi cerdded milltiroedd lawer i'ch gweld heddiw.'

Gwnaeth Seiriol gwpan o'i ddwylo a chododd ddŵr o'r ffynnon agosaf. Tywalltodd hwn yn ofalus dros lygaid y bychan rhag ei ddychryn. Wedi gwneud hyn syrthiodd y seintiau ar eu gliniau a gweddïo ar Dduw am gymorth. Ar ddiwedd y weddi cododd y seintiau ar ôl dweud 'Amen'. Ar hynny dyma nhw'n clywed y baban yn dweud 'Mam' yn glir. Roedd y bychan wedi gallu agor ei lygaid a gweld ei fam am y tro cyntaf.

Dim ond un wyrth o blith llawer oedd hon. Bu Cybi a Seiriol fyw nes eu bod yn hen iawn. Gwnaeth y ddau lawer o waith da gydol eu hoes a daliodd y ddau i gyfarfod yn aml wrth y ffynhonnau yng Nghlorach.

Erbyn hyn mae'r ffynhonnau yng Nghlorach wedi hen sychu. Er hyn mae pobl yn dal i gofio am Seiriol Wyn a Chybi Felyn. Mae tref fawr a phwysig wedi ei henwi ar ôl Cybi bellach. Caergybi yw hon wrth gwrs. Os ewch chi yno fe welwch glamp o eglwys. Eglwys Cybi Sant yw hon.

Ar Ynys Seiriol wedyn mae olion y fynachlog a sefydlodd Seiriol yn dal yno. Ar y tir mawr gerllaw Penmon mae rhagor o olion Seiriol.

Mae eglwys fawr yma hefyd wedi ei henwi ar ôl y sant.

Yn ymyl yr eglwys mae ffynnon. Ei henw yw Ffynnon Seiriol. Gerllaw'r ffynnon mae olion tŷ bychan crwn wedi ei wneud o gerrig. Yma'r oedd Seiriol yn byw cyn croesi i Ynys Seiriol. Mae'r tŷ dros fil pedwar cant o flynyddoedd oed.

# March a'i Glustiau

Tywysog cyfoethog oedd March. Roedd yn gefnder i'r Brenin Arthur. Enw ei gartref oedd Castellmarch. Safai mewn llecyn braf heb fod ymhell o'r môr ym Mhen Llŷn. Ond er ei gyfoeth a'i gartref moethus roedd March yn anhapus. Y rheswm am hyn oedd fod ganddo glustiau hir, blewog fel rhai ceffyl! Gair arall am geffyl yw march a dyna pam y rhoddodd ei dad yr enw hwnnw arno.

Cadwai March ei wallt yn hir i guddio'i glustiau ac i gadw'r gyfrinach. Yr unig un a wyddai oedd y barbwr a dorrai fymryn ar ei wallt weithiau. Roedd March wedi ei siarsio i gadw'r gyfrinach ar boen ei fywyd.

Roedd cadw'r gyfrinach yn fwrn ar y barbwr. Yn y diwedd aeth yn sâl a bu'n rhaid iddo fynd at y meddyg.

'Doctor bach, mae'n rhaid i chi roi rhywbeth i

mi! Fedra i ddim bwyta! Fedra i ddim cysgu! Fedra i wneud dim!'

'Yn ara deg rŵan. Beth sy'n eich poeni? Cur yn y pen? Poen yn y bol?'

'Poeni ydw i doctor, poeni yn ofnadwy.'

'Poeni am beth?'

'Dyna'r union beth – chaf i ddim dweud wrthoch chi na neb arall ac mae hynny'n fy lladd i!'

'Ond mae'n rhaid i chi ddweud wrth rhywun neu rywbeth.'

'Rhywbeth ddywedoch chi, doctor?'

'Ie . . .'

'Diolch o galon. Rydych chi newydd roi syniad gwych i mi. Hwyl fawr!'

Os na fedrai'r barbwr siarad â rhywun, medrai siarad â rhywbeth. Aeth at lan afon Soch a chuddio yng nghanol corsennau a dyfai yno. Fedrai neb ei weld na'i glywed bellach a dywedodd ei gyfrinach wrth y ddaear. Teimlai'n well ar unwaith. Roedd wedi rhannu'r gyfrinach ond doedd neb ddim callach . . .

\* \* \*


Ymhen rhai misoedd wedi hyn roedd gwledd fawr i'w chynnal yng Nghastellmarch. Roedd pobl bwysig o bell ac agos wedi cael gwahoddiad. Dim ond y bwyd mwyaf blasus oedd i gael ei weini. I'w diddanu roedd y

tywysog wedi gorchymyn i'r beirdd a'r
cerddorion gorau ddod i'r castell.

Yn eu plith roedd pibydd ifanc o'r enw Deio
Bach. Gwyddai fod y wledd yn un bwysig.
Gwyddai hefyd fod ei bib wedi gorffen ei
hoes.

Wrth nesáu at y castell roedd yn rhaid croesi
afon. Ar ei glan tyfai corsennau hir. Yr union
beth i wneud pib newydd! Estynnodd Deio ei

gyllell boced ac aeth at y gwaith o dorri a
naddu ar unwaith . . .

Y noson honno, ar ôl i bawb orffen bwyta
daeth tro'r cerddorion a'r beirdd. Y cyntaf ar y
llwyfan oedd Deio Bach. Cymerodd anadl
fawr a dechrau chwythu drwy'r bib newydd.
Ond yn lle cerddoriaeth hyfryd yr hyn a
glywodd pawb oedd:

'Clustiau ceffyl sydd gan March! Clustiau
ceffyl sydd gan March!'

Aeth y tywysog yn gandryll ulw. Gwyddai
pawb am ei gyfrinach bellach.

'Ewch â'r pibydd allan! Torrwch ei ben i
ffwrdd ar unwaith!'

'Ond March annwyl, nid arnaf i mae'r bai,'
meddai Deio Bach. 'Cerddoriaeth oeddwn i'n
ddisgwyl ei glywed. Pib newydd sbon ydi hi.
Fe'i gwnes ar lan yr afon brynhawn heddiw.
Mae'n rhaid bod hud arni hi. Chwythwch chi
drwyddi.'

Gwnaeth y tywysog hynny. Yr hyn a glywodd pawb eto oedd:

'Clustiau ceffyl
sydd gan March!
Clustiau ceffyl
sydd gan March!'

Ar hynny daeth y barbwr at y llwyfan a dweud mai ef oedd ar fai.

Adroddodd hanes dweud y gyfrinach ar lan yr afon. Disgwyliai mai ef fyddai'n cael ei ladd yn awr. Yn lle hynny gwenu wnaeth March.

'Roeddwn i'n disgwyl i bawb chwerthin am ben fy nghlustiau. Dyna pam roeddwn yn eu cuddio. Rydw i wedi bod yn wirion iawn.'

O'r diwrnod hwnnw ymlaen roedd March yn hapus. Doedd yr un gyfrinach ganddo i'w chuddio.

# Pont y Gŵr Drwg

Un tro roedd hen wraig yn byw ar lan afon Mynach. Ei henw oedd Mari. Cannwyll ei llygad oedd ei buwch, Modlen. Roedd Mari yn meddwl y byd o Modlen.

Nawr roedd Modlen yn un am grwydro. Gwyddai Mari nad âi yn rhy bell chwaith ac y deuai adref i'w godro bob tro.

Un diwrnod roedd Modlen wedi mynd dros y bont a groesai afon Mynach. Roedd wedi mynd i chwilio am flewyn glas i'w fwyta. Gan ei bod yn tywallt y glaw arhosodd y fuwch yr ochr arall i'r afon dan gysgod coeden fawr.

Bellach roedd yn amser godro a daeth Mari o'r tŷ i chwilio am y fuwch.

'Modlen! Modlen! Ble'r wyt ti 'mach i? Dere at Mari, dyna fuwch dda.'

Aros dan y goeden wnaeth Modlen. Daeth
Mari at y bont.

'Bobol bach mae'r afon wedi codi! Mae bron â
chyrraedd y bont! Modlen! Modlen! A, dyna ti
dan y goeden. Dere at Mari.'

Dechreuodd Modlen groesi'r bont ond ar
hynny dyma sŵn mawr. Roedd y bont ar fin
cael ei sgubo ymaith gan y lli!

'Modlen fach, aros yn dy unfan! Mae'r bont ar dorri!' gwaeddodd Mari dros sŵn yr afon.

Ar y gair dyma andros o glec a chwalodd y bont. Ond beth am Modlen? Oedd hi'n fyw? Oedd wir. Roedd hi'n ddiogel, diolch byth, yn sefyll ar silff gul uwchben yr afon.

'Beth wnaf i'n awr?' wylodd Mari. 'Fedra i ddim croesi'r afon. Os bydd y dŵr yn dal i godi bydd Modlen druan yn boddi. O diar.'

Ar hynny dyma glec arall, fwy. Taran oedd hon. Fe'i dilynwyd gan un arall ac un arall. Lapiodd Mari ei siol am ei phen mewn ofn. Pan fentrodd edrych eto roedd gŵr dieithr wedi ymddangos o rhywle.

Edrychai fel gŵr bonheddig. Am ei ben gwisgai het silc ddu. Yn wir, roedd popeth a wisgai yn ddu fel y nos. Gwisgai grys du, siwt ddu a chlogyn du. Wrth edrych i lawr disgwyliai Mari weld esgidiau duon . . . ond yn lle hynny gwelodd ddau garn fel gafr! Y Gŵr Drwg ei hun oedd y gŵr bonheddig.

Wnaeth Mari ddim dangos ei bod wedi ei adnabod.

'Noswaith dda, Mari' meddai'r Diafol.

'Noswaith dda, syr' meddai Mari.

'Pam wyt ti'n llefen? Oes rhywbeth o'i le?'

'Oes syr,' meddai Mari, 'mae Modlen yr ochr draw i'r afon. Mae'r bont wedi ei malurio'n rhacs. Sut allaf i achub Modlen druan?'

'Dim problem,' meddai'r Gŵr Drwg. 'Fe godaf i bont newydd i ti mewn chwinciad.'

'Fedrwch chi wir, syr?' meddai Mari'n ddiniwed. Gwyddai y gallai'r Diafol wneud triciau o'r fath. Gwyddai hefyd y dylai fod yn ofalus rhag cael ei dal ganddo.

'Mae un amod, Mari,' meddai'r Diafol gan wenu'n gyfrwys. 'Bydd yn rhaid i mi gael y creadur byw cyntaf sy'n croesi'r bont.'

'Iawn syr,' meddai Mari.

'Rwyf yn dy fedyddio di Dewi' meddai.

Wrth wneud hynny tasgodd peth o'r dŵr am ben y gŵr dall. Ar hynny daeth bloedd . . .

'Rwyf yn gallu gweld! Rwyf yn gallu gweld!'

Syrthiodd pawb ar eu gliniau. Er mai dim ond baban bychan oedd Dewi, roedd wedi gwneud gwyrth. Gwelwyd sawl gwyrth arall yn ystod oes hir nawddsant Cymru.

Bu Dewi yn crwydro llawer yn ystod ei oes. Cododd eglwys mewn llawer man lle bu'n byw. Mae eglwys enwog wedi ei henwi ar ei ôl yn Llanddewibrefi. Prif gartref Dewi, fodd bynnag, oedd yr eglwys a gododd yng Nglyn Rhosyn. Safai tua milltir o Gapel Non lle cafodd ei eni. Yma y bu'n byw y rhan fwyaf o'i oes. Dyna pam y gelwir y fan Tyddewi hyd heddiw.

Fe gofiwch i mi sôn fel y cafodd y mynach dall ei olwg yn ôl pan syrthiodd dŵr bedydd Dewi arno. Yn rhyfedd ddigon mae Ffynnon Non hefyd yn gwella llygaid. Tarddodd o'r ddaear y noson y ganed Dewi, fel y cofiwch. Mae pobl yn dal i fynd ati o bell ac agos i olchi llygaid dolurus gan obeithio cael gwellhad.

Mae pobl yn dal i fynd o bell ac agos i weld Tyddewi. Os cewch chi gyfle i fynd i weld y rhan hyfryd hon o Gymru, cofiwch fynd i Gapel Non hefyd i weld yr union fan lle daeth nawddsant Cymru i'r byd.

# Ogof Arthur

Un o arwyr mwyaf Cymru yw'r Brenin
Arthur. Mae'n siŵr y gwyddoch chi hanes ei
frwydr olaf yn erbyn ei elyn Medrawd.
Cafodd Arthur ei glwyfo ac aed ag ef ymaith i
wella. Yn ôl rhai aeth i Ynys Afallon. Yn ôl
eraill, aeth i ogof yn Eryri. Yn ôl llawer mae
Ogof Arthur yn ne Cymru. Mae stori
ddiddorol am yr ogof hon.

Porthmon oedd Siôn. Ei waith oedd cerdded
anifeiliaid megis gwartheg, defaid a
gwyddau i ffeiriau mawr Lloegr. Roedd y ffair
fwyaf yn y ddinas fwyaf, sef Llundain. Dau
beth oedd porthmon da eu hangen, sef ci
ffyddlon a ffon gadarn.

 Am ei fod yn mynd i Lundain am y tro cyntaf
meddyliodd Siôn y byddai'n gwneud ffon
newydd iddo'i hun. Wrth ymyl Pont Nedd
Fechan gwelodd gollen yn tyfu. Torrodd un

o'r brigau a dechrau ar y gwaith o'i naddu'n ffon. Byddai wedi gorffen y gwaith cyn cyrraedd Llundain bell.

Bu Siôn a'r porthmyn eraill yn cerdded am ddyddiau. Roedd Siôn yn cerfio'r ffon wrth gerdded. O'r diwedd gallent weld Llundain ar y gorwel. Fel yr oedd Siôn a'i gyfeillion yn cerdded dros Bont Llundain daeth dyn dieithr ato.

'Prynhawn da,' meddai'r dieithryn.

'Prynhawn da,' meddai Siôn.

'Un o le wyt ti?'

'O sir Gaerfyrddin,' meddai Siôn.

'Felly wir. Ai yn y sir honno gest ti'r ffon yna?'

'Na, ym Mhont Nedd Fechan. Pam ydych chi'n gofyn?'

'Dim rheswm arbennig,' meddai'r dyn dieithr. 'Fedret ti

gofio'r union goeden lle toraist ti'r ffon yna?'

'Medrwn, am a wn i.'

'Reit, fe gerdda i'n ôl i Gymru gyda thi ar ôl i ti werthu dy anifeiliaid.

Ac felly y bu pethau. Credai Siôn fod rhyw ddirgelwch ynglŷn â'r dyn. Roedd yn meddwl fod ganddo gyfrinach. O dipyn i beth dywedodd y dieithryn mai dewin ydoedd. Roedd wedi bod yn chwilio am y goeden arbennig lle torrodd Siôn y ffon ers blynyddoedd. Y rheswm am y chwilio dyfal oedd bod trysor wedi ei gladdu oddi tani.

Ar ôl dyddiau lawer o gerdded blinedig daeth Siôn a'r dewin yn ôl i Bont Nedd Fechan.

'Dacw'r goeden!' meddai Siôn yn llawen.

'Da iawn,' meddai'r dewin. 'Mae ogof o dan y goeden. Yn honno y mae'r trysor ond rhaid i ni fod yn ofalus.'

'Pam felly?' gofynnodd Siôn.

'Trysor y Brenin Arthur ydy o. Mae Arthur yn cysgu yn yr ogof gyda'i fyddin. Rhaid i ni fod yn ofalus rhag eu deffro.'

Ar hynny dechreuodd y dewin balu. Cyn hir roedd carreg wastad wedi dod i'r golwg. Pan gododd hon gwelodd Siôn risiau'n arwain i lawr i'r ddaear. Roedden nhw wedi canfod Ogof Arthur!

Mentrodd y ddau i lawr i'r ogof gyda llusern bob un. Ym mhen draw'r ogof gwelai Siôn aur ac arian yn bentwr mawr. Roedd ar fin rhuthro ymlaen pan ataliodd y dewin ef. Dywedodd fod cloch yn hongian gerllaw. Hon oedd y gloch fyddai'n deffro Arthur a'i fyddin o'u cwsg. Pe bai'r gloch yn canu byddai Arthur yn gofyn:

'A ddaeth y dydd?'

Byddai'n rhaid dweud wedyn:

'Na, dos yn ôl i gysgu.'

Cofio'r ateb hwnnw oedd yn bwysig. O wneud hynny medrent gario'r trysor o'r ogof.

Erbyn hyn roedd llygaid Siôn wedi cynefino â'r tywyllwch. Gwelai fod miloedd o filwyr yn cysgu yn yr ogof. Roedd gŵr yn gwisgo coron aur yn cysgu wrth ymyl y trysor. Y Brenin Arthur ei hun oedd hwn!

Llanwodd Siôn a'r dewin sachau ag aur.
Cludodd y ddau y trysor allan yn ddiogel ac
aeth y dewin ymaith.

Meddyliodd Siôn yr hoffai gael mwy o
gyfoeth. Aeth yn ôl eto i'r ogof ond y tro yma
tarodd y gloch. Ar unwaith deffrodd Arthur
ond cofiodd y porthmon y geiriau. Aeth y
brenin yn ôl i gysgu.

Digwyddodd yr un peth y tro nesaf yr aeth Siôn i'r ogof, ond unwaith eto aeth Arthur yn ôl i gysgu.

Bellach roedd tomen fawr o aur wrth fôn y goeden. Ond doedd hyn ddim yn ddigon i Siôn. Penderfynodd fynd i gyrchu sachaid arall eto. Y tro hwn, yn ei frys, anghofiodd y geiriau. Deffrodd milwyr Arthur a gweld ei fod yn dwyn eu trysor.

Cafodd y porthmon barus grasfa a hanner gan ddynion Arthur. Wedi hynny taflwyd ef allan o'r ogof. Pan ddaeth ato'i hun nid oedd golwg o'r trysor. Treuliodd Siôn weddill ei oes yn chwilio am y goeden a'r ogof. Ofer fu'r cwbl.

# Penglog Teilo

Sant yn byw yr un pryd â Dewi Sant oedd Teilo. Roedd y ddau wedi eu geni yn sir Benfro. Roedd y ddau hefyd yn yr un ysgol. Yn sir Benfro y cododd Teilo ei eglwys gyntaf, sef Llandeilo, ger Maenclochog.

Ar ôl hyn dechreuodd Teilo godi eglwysi ar draws de Cymru. Yr eglwys bwysicaf a gododd oedd yr un ar lan afon Taf yn Llandaf. Mae Llandaf erbyn hyn yn rhan o Gaerdydd ond mae eglwys gadeiriol yno byth. Wrth ymyl yr eglwys mae ffynnon fechan. Enw'r ffynnon yw Ffynnon Teilo.

Un diwrnod daeth un o gyfeillion Teilo ato.

'Teilo! Teilo! Mae gen i newyddion drwg iawn.'

'Beth sydd wedi digwydd?'

'Mae afiechyd ofnadwy wedi cyrraedd Cymru. Y Fad Felen yw ei enw. Mae wedi lladd miloedd o bobl yn y gogledd yn barod.'

'Sut felly?' meddai Teilo.

'Mae rhai pobl yn dweud fod yr afiechyd fel bwystfil mawr melyn yn cerdded ar hyd y wlad. Maen nhw'n dweud fod pawb sy'n gweld y bwystfil yn marw. Maen nhw'n dweud i Maelgwn, tywysog Gwynedd, guddio mewn

eglwys rhag y bwystfil.'

'Oedd e'n ddiogel yno?' meddai Teilo.

'Na, fe edrychodd e drwy dwll y clo a gweld y bwystfil melyn.'

'Beth ddigwyddodd iddo fe?'

'Fe syrthiodd e'n farw yn y fan a'r lle.'

Pan glywodd Teilo hyn penderfynodd adael Cymru am gyfnod. Aeth y sant a'i ddilynwyr i fyw i Lydaw nes i'r Fad Felen fynd. Nid mewn cwch yr aeth Teilo i Lydaw ond ar gefn ceffyl. Roedd hwn yn geffyl hud a fedrai garlamu dros y tonnau. Bu Teilo'n byw yn Llydaw am saith mlynedd.

Wedi hyn bu Teilo'n byw yn Nhyddewi am gyfnod. Yna symudodd i fyw ger ei hoff eglwys, sef Llandaf. Ar ôl hir oes a llawer o waith da bu Teilo farw. Ond nid dyna ddiwedd y stori o bell ffordd . . .

Ychydig cyn marw galwodd Teilo ei forwyn
ato.

'Ar ôl i mi farw maent yn mynd i gladdu fy
nghorff yn Llandeilo ar lan afon Tywi.

Flwyddyn ar ôl i mi farw rydw i am i ti fynd
â fy mhenglog i'r eglwys gyntaf a godais.
Wnei di hynny i mi?'

'Gwnaf, meistr.'

'Da iawn. Mae'n bwysig iawn.'

Ac felly y bu pethau. Flwyddyn ar ôl ei farw
symudwyd penglog Teilo i'r eglwys a gododd
ger Maenclochog yn sir Benfro.

Roedd wedi creu ffynnon yno. Yr enw arni, yn naturiol, oedd Ffynnon Teilo. Deuai pobl wael o bell ac agos at y ffynnon i chwilio am iachâd. Y ffordd sicraf o wella oedd defnyddio penglog y sant fel cwpan i yfed y dŵr, credwch neu beidio. Os nad oedd pobl yn yfed o'r benglog nid oedd y dŵr yn eu gwella.

Teulu'r ffermdy a safai wrth ymyl y ffynnon oedd yn gofalu am y benglog. Bu'r teulu yn ei fenthyg i unrhyw un oedd eisiau yfed y dŵr am ganrifoedd. Tua saith deg o flynyddoedd yn ôl gwerthodd un o'r teulu y benglog. Wyddai neb pwy oedd wedi ei brynu. Ni fu sôn amdano am flynyddoedd lawer wedi hyn.

Yna, rai blynyddoedd yn ôl, cafwyd hyd i benglog yr hen sant. O ganlyniad mae diwedd hapus i'r stori. Rhoddwyd y benglog i eglwys Llandaf. Hon oedd hoff eglwys Teilo ac yno y mae byth.

Mae sawl Llandeilo yn dal yng Nghymru.

Eglwys yw ystyr 'llan' erbyn hyn. Tir wedi ei gau gan sant oedd yr ystyr wreiddiol. Efallai mai'r Llandeilo enwocaf yw Llandeilo Fawr fel y gelwir hi. Tyfodd tref o gwmpas eglwys Teilo yn y fan hon a dyma dref Llandeilo yn sir Gaerfyrddin.

Gadawodd Teilo ei enw ar o leiaf ddwsin o eglwysi yn ne Cymru. Yn rhyfedd iawn mae un ohonynt wedi cael ei symud bedwar deg o filltiroedd yn ddiweddar i ymyl Caerdydd. Eglwys Llandeilo Tal-y-bont yw hon. Ers talwm roedd yn sefyll ger Pontarddulais. Erbyn hyn mae crefftwyr wedi ei symud i'r Amgueddfa Werin yn Sain Ffagan. Efallai y cewch gyfle i fynd yno i'w gweld rhyw ddiwrnod.

# Cawr Cas Gilfach Fargod

Ers talwm roedd mwy o Dylwyth Teg yn byw yn ardal Gelli-gaer nag yn unman arall ym Morgannwg.

Pobl fach ond tlws eithriadol yw'r Tylwyth Teg. Maen nhw'n hapus fel y gog a byddai pobl Cwm Rhymni wrth eu bodd yn eu clywed yn canu a dawnsio.

Felly y bu pethau nes i anferth o gawr mawr hyll a chas godi tŷ iddo'i hun yng Nghilfach Fargod. Tŵr anferth oedd hwn, gyda gardd o'i gwmpas. Roedd gan y cawr wallt hir, anniben a barf mawr llaes. Gwisgai ddillad blêr a brwnt a lle bynnag y gwelid ef roedd ffon drwchus yn ei law. O gwmpas y ffon roedd neidr hir, hir wedi ei thorchi amdani.

Roedd y cawr yn casáu pawb o'i gymdogion. Yn lle bod 'Croeso' wedi ei sgrifennu ar y mat tu allan i'w ddrws roedd 'Ewch ymaith'. Yr unig un a hoffai oedd clamp o wrach fawr mor hyll ag ef ei hun. Hi oedd ei gariad.

Roedd y cawr yn casáu'r Tylwyth Teg yn fwy na neb. O fewn dim doedd wiw iddynt fentro allan i ddawnsio yr un noson olau leuad. Ar nosweithiau o'r fath byddai'r cawr yn

crwydro Cwm Rhymni yn chwilio am y
Tylwyth Teg. Gyda'r ffon ryfedd yn ei law,
crynai'r ddaear wrth iddo gerdded. Ni
fentrai'r dawnswyr bach o'u cartrefi rhag ofn
iddynt gael eu gwasgu dan esgidiau anferth y
cawr. O fewn dim diflannodd cylchoedd y
Tylwyth Teg ac ni chlywid eu canu swynol yn
y cwm.

Un diwrnod aeth un o'r Tylwyth Teg i lys y
frenhines Belene a gofyn am gael siarad â hi.

'Beth wyt ti eisiau, Gwarwyn?' gofynnodd y frenhines yn garedig.

'Rydw i eisiau eich caniatâd i ladd y cawr,' atebodd y bachgen.

'Ond fe wyddost fod hynny yn groes i'n cyfraith ni.'

'Rydw i'n gwybod hynny,' meddai Gwarwyn, 'ond mae'r cawr wedi lladd fy rhieni. Rhaid ei atal cyn iddo ein lladd i gyd.'

'Mae hyn yn wir,' meddai Belene, 'ond bydd yn ofalus Gwarwyn.'

Y noson ganlynol mentrodd Gwarwyn o'i guddfan a mynd draw i goedwig Pencoed Fawr ger Bedwellte. Gwyddai fod gwdi-hŵ yn byw ar ben derwen fawr yng nghanol y coed. Y gwdi-hŵ yw'r doethaf o'r holl adar. Gallai Gwarwyn siarad iaith yr adar ac aeth at yr aderyn doeth i ofyn cyngor sut i ladd y cawr.

'Mae'r cawr yn cysgu yn y dydd,' meddai'r gwdi-hŵ. 'Dyna pryd mae eisiau i'r Tylwyth Teg blygu cangen o goeden afalau sy'n tyfu y tu allan i'w ardd i wneud bwa mawr. Wedyn bydd angen gosod saeth fawr yn y bwa. Dyna'r cwbl fydd eisiau i chi ei wneud. Fe wnaf i'r gweddill.'

Ar y dechrau fedrai Gwarwyn gael neb i ddod yn agos at dŷ'r cawr. Gallent ei glywed yn rhuo chwyrnu ond ofnent fentro at ei dŷ.

'Beth petai o'n dihuno?'

'Wnaiff e ddim deffro os byddwn ni'n dawel,' meddai Gwarwyn. 'Allwn ni ddim byw mewn ofn am byth. Pwy sy'n ddigon dewr i ddod gyda mi?'

O'r diwedd mentrodd un o'r Tylwyth godi ei law. Yna un arall, ac un arall . . .

Y prynhawn hwnnw adeiladwyd y bwa a gosod y saeth yn sŵn rhochian uchel y cawr.

Yn aml iawn arferai'r cawr gyfarfod y wrach hyll oedd yn gariad iddo o dan y goeden afalau. Y noson hon roedd y wrach yn hwyr. Wrth hedfan yn dawel heibio tŷ'r cawr gwelodd y gwdi-hŵ ef o dan y goeden. Glaniodd yn ddistaw bach ar y gangen uchaf a thaniodd y saeth. Lladdwyd y cawr yn y fan a'r lle. Bu'r neidr anferth oedd ar ei ffon farw hefyd. Yn gyflym, gyflym gosododd y gwdi-hŵ saeth arall yn y bwa a phan gyrhaeddodd y wrach saethwyd hithau'n gelain.

Claddwyd y cawr, y wrach a'r neidr dan y goeden. O hynny ymlaen roedd Tylwyth Teg Gelli-gaer uwchben eu digon. Clywid hwy'n canu a dawnsio bob nos olau leuad a gwelid eu cylchoedd ym mhobman yn y fro . . .

Gyda llaw, digwyddodd dau beth rhyfedd ar ôl lladd y cawr cas, y wrach hyll a'r neidr fawr. Cyn iddi farw, dywedodd y wrach mai afalau surion bach fyddai'n tyfu ar bob coeden y tu allan i unrhyw ardd o hynny ymlaen. Ac felly y mae pethau hyd heddiw.

A'r ail beth rhyfedd? Wel, ar fedd y neidr fawr tyfodd blodau coch, hardd. Ac mae'r rheini gyda ni hyd heddiw hefyd. Yr enw arnyn nhw yw blodau neidr, a hynny ers amser maith yn ôl.

# Nodiadau a Gweithgareddau Pellach

## CYMERIADAU'R STRAEON

### Arthur:
Arweinydd milwrol hanesyddol a oedd yn byw tua diwedd y bumed ganrif. Oherwydd ei lu buddugoliaethau yn erbyn y Saeson cynnar tyfodd i fod yn gymeriad chwedlonol a phan fu farw caed traddodiad mai cysgu'r oedd ac y dychwelai eto i arwain y Cymry at ryddid. Ymhen amser dyrchafodd y chwedlau ef yn frenin ac mae ganddo ran bwysig yn chwedl Culhwch ac Olwen. Yn ddiweddarach eto aeth yr hanes am Arthur ar grwydr ledled Ewrop a daeth chwedlau eraill eto i fodolaeth, megis y Tair Rhamant lle mae'n frenin nerthol ar farchogion y Ford Gron. Mewn rhai chwedlau, mynd i Ynys Afallon y mae Arthur ar ôl ei glwyfo gan y bradwr Medrawd ond mewn rhai eraill, megis yr un a adroddir yma, cilio i ogof a wnaiff, a'i filwyr ffyddlon i'w ganlyn. Ceir sawl Ogof Arthur yma ac acw yng Nghymru.

### Belene:
Un o enwau traddodiadol y Tylwyth Teg.

### Brochwel:
Tywysog Powys yn y chweched ganrif. Glasenwid ef Brochwel Ysgithrog oherwydd ei ysgithrau neu ddannedd hirion. Lleolid ei brif lys ym Mhengwern ger Amwythig. Yn ôl traddodiad ef roddodd y tir o gwmpas Pennant Melangell i'r santes honno ar ôl methu lladd sgwarnog a sylweddoli duwioldeb y dywysoges a ffodd o Iwerddon.

### Cybi:
Sant o'r chweched ganrif a sefydlodd nifer o eglwysi ledled Cymru. Ei brif sefydliad oedd y fynachlog a gododd ar safle hen gaer Rufeinig yng Nghaergybi. Yn ôl traddodiad fe'i glasenwid Cybi Felyn ac roedd yn un o gyfeillion pennaf Seiriol Sant, neu Seiriol Wyn.

### Ffraid:
Santes o Wyddeles o'r chweched ganrif a sefydlodd nifer o eglwysi yng Nghymru a'r gwledydd Celtaidd. Yn Iwerddon ystyrir hi yn un o brif santesau'r wlad honno, lle'r adnabyddir hi fel Brigid. Gwelir 'Croes Ffraid' wedi ei gwneud o frwyn mewn sawl cartref yn Iwerddon hyd heddiw. Dywedir iddi ddod i Gymru ar dywarchen a dorrodd yn rhydd o dir mawr Iwerddon, gan lanio yn aber afon Conwy. Yn ddiweddarach achubodd drigolion Dyffryn Conwy rhag newyn pan greodd y brwyniaid sy'n dal i'w gweld yn yr afon ar adegau. Saif eglwys Llansanffraid ar lan afon Conwy yng Nglan Conwy.

### Gwarwyn:
Un o enwau traddodiadol y Tylwyth Teg. Fe'i ceir mewn chwedlau llafar ac un amrywiaeth arno yw Gwarwyn-a-throt.

### Maelgwn:
Maelgwn Gwynedd, tywysog hanesyddol ar Wynedd a fu farw o'r Fad Felen tua'r flwyddyn 547. Safai ei brif lys yn Neganwy, nid nepell o afon Conwy. Roedd yn dywysog nerthol ac yn un o ddisgynyddion Cunedda Wledig. Yn ôl traddodiad, ffodd i Eglwys Rhos, ger Deganwy, rhag y Fad Felen a bu farw ar ôl sbecian drwy dwll y clo a gweld y pla ar ffurf bwystfil melyn, erchyll.

### March:
Cymeriad chwedlonol. Ei enw llawn yw March Amheirchion neu March ap Meirchion. Mae'n gymeriad y gwelir cyfeiriadau ato mewn nifer o chwedlau a thraddodiadau. Yn y chwedl fwyaf cyffredin amdano, fe'i cysylltir â Chastellmarch, ger Aber-soch, Llŷn.

### Melangell:
Tywysoges o Iwerddon oedd Melangell a ffodd i Gymru rhag priodi gŵr nas carai. Yn ôl traddodiad hi yw nawddsantes anifeiliaid Cymru ar ôl achub sgwarnog rhag cael ei lladd gan helfa Brochwel Ysgithrog. Sefydlodd leiandy ym Mhennant Melangell lle saif yr eglwys a enwyd ar ei hôl hyd heddiw. Gwelir creirfa hardd i'r santes yn yr eglwys.

### Non:
Mam Dewi Sant. Roedd yn ferch i Cynir, tywysog o sir Benfro a'i mam, Anna, yn chwaer i'r Brenin Arthur yn ôl un traddodiad. Saif gweddillion Capel Non, lle ganed Dewi, a Ffynnon Non a darddodd yr un pryd, tua milltir o Dyddewi. Mae nifer o eglwysi a llannau eraill wedi eu henwi ar ei hôl.

## Sandde:

Tad Dewi Sant. Roedd yn fab i Ceredig, y brenin a roes ei enw i Geredigion.

## Seiriol:

Sant o'r chweched ganrif a oedd yn hanu o deulu brenhinol Gwynedd, gan gydoesi â Maelgwn Gwynedd. Ef oedd sefydlydd eglwys Penmaen-mawr ac abaty Penmon. Yn ôl traddodiad fe'i glasenwid Seiriol Wyn ac roedd yn un o gyfeillion pennaf Cybi Sant, neu Cybi Felyn.

## Tegid Foel:

Cymeriad chwedlonol. Ymddengys yn y chwedl hon a hefyd yn 'Hanes Taliesin', sef stori am enedigaeth ryfeddol y bardd Taliesin. Yn y chwedl honno mae'n byw yn y Bala gyda'i wraig Ceridwen a'i fab Afagddu. Yn ôl traddodiad enwyd Llyn Tegid ar ôl Tegid Foel a'i dref ddiflanedig, sef tref gyntaf y Bala.

## Teilo:

Sant o'r chweched ganrif. Ceir hanes ei fywyd yn 'Buchedd Teilo'. Ganed ef ym Mhenalun, sir Benfro a dywedir ei fod yn gyfaill i Dewi Sant. Yn ôl traddodiad bu Teilo, Dewi a Padarn ar bererindod i Jeriwsalem. Ar ôl dychwelyd i Gymru bu'n rhaid iddo ffoi i Lydaw am saith mlynedd a saith mis oherwydd pla marwol a elwid y Fad Felen. Wedi hyn bu'n brysur iawn yn sefydlu eglwysi ledled de Cymru. Ei brif lannau oedd Llandeilo, sir Gaerfyrddin ac eglwys Llandaf, ar ymylon Caerdydd. Cedwir ei benglog yn yr eglwys olaf ers rhai blynyddoedd bellach ar ôl cyfnod o fod ar goll.

# GEIRFA FER

## Melangell

yn waglaw – heb ddim byd
gwae chi – trueni arnoch
dim ots – dim gwahaniaeth
gwisg laes – gwisg hir
hysio – annog

## Cyfrinach Llyn Tegid

cael ail wynt – cael anadl yn ôl
clamp – anferth

## Brwyniaid Afon Conwy

yn grimp – yn hollol sych
gwywo – crino
brwyn(en) – pabwyr(en)

## Seiriol Wyn a Chybi Felyn

colli adnabod – methu adnabod; anghofio
cyffiniau – ardal
crefu – ymbil
gydol – yn ystod

## March a'i Glustiau

corsen(nau) – cawn(en)
naddu – cerfio

## Pont y Gŵr Drwg

andros – anferth
chwinciad – eiliad (neu lai!)
yn ulw – yn gandryll

## Geni Dewi Sant

nawddsant – sant pwysicaf gwlad; y sant sy'n gofalu am wlad
cesair – cenllysg
tarddu – torri trwy

## Ogof Arthur

palu – tyllu
llusern – lantern
cynefino – arfer
cyrchu – nôl

## Penglog Teilo

Y Fad Felen – Y Pla Melyn

## Cawr Cas Gilfach Fargod

anniben – blêr
brwnt – budr
doedd wiw iddynt – feiddien nhw ddim
rhochian – chwyrnu
celain - marw
afalau surion bach – afalau tagu
Blodau neidr – Gludlys coch

# TASGAU

## Melangell

### Ysgrifenedig:
1. Darllen cerddi am Melangell, megis eiddo'r grŵp Plethyn ac yna cyfansoddi eu pennill syml eu hunain am y santes.
2. Sgrifennu darn dychmygus megis diwrnod ym mywyd anifail gwyllt neu anifail dof.
3. Sgrifennu darn ffeithiol yn nodi beth ddylid ac na ddylid ei wneud wrth gadw anifail o unrhyw fath, boed anifail anwes neu anifail fferm.

### Llafar:
1. Cael y plant i ddarllen straeon eraill am anifeiliaid a'u hadrodd yn y dosbarth. e.e. Chwedl Gelert; hanes Sant Ffransis; hanes Arch Noa; chwedlau Aesop, ac ati.
2. Pa greaduriaid gwyllt sy'n byw yn y cylch? Ble maen nhw'n byw. e.e. Llwynog – daear; malwen – cragen ac ati.
3. Trafod, canu a dysgu hwiangerddi megis 'Bonheddwr Mawr o'r Bala'.
4. Cael y plant i adrodd stori Melangell o safbwynt Brochwel, Melangell neu'r sgwarnog.

## Cyfrinach Llyn Tegid

### Ysgrifenedig:
1. Dyddiadur Dafydd y telynor y dyddiau cyn ac ar ôl boddi hen dre'r Bala.
2. Sôn am hen dref ddiflanedig y mae'r stori. Ceir olion hen anheddau diflanedig ym mhob ardal – boed ogof Oes y Cerrig, caer Geltaidd neu dref Rufeinig. Gellir ymweld â'r safle a chael y plant i ddychmygu byw mewn lle o'r fath.
3. Ceir sôn am Tegi ar ddiwedd y stori, sef creadur digon tebyg i fwystfil mytholegol Lloch Ness. Gellir trafod sut greadur yw Tegi tybed, a'u cael i sgrifennu disgrifiad byr, gan ddefnyddio'u dychymyg. Gellir tynnu llun ohono hefyd.

### Llafar:
1. Un o amryw straeon am drefi a gwledydd diflanedig yw hon. Yma yng Nghymru mae digon o rai eraill megis Cantre'r Gwaelod, Tyno Helyg, tref goll Llyn Safaddan a llawer mwy. Gellir eu hadrodd yn y dosbarth a sôn am chwedlau eraill megis Ker Iz (ger arfordir Llydaw) neu Atlantis. Gellir eu hadrodd, eu trafod a'u cymharu yn y dosbarth.
2. Mae i ddial le amlwg yn y stori ond ydi dial yn beth da neu ddrwg? Gellir trafod hyn ar sail profiadau'r plant ar fuarth yr ysgol, gyda brodyr a chwiorydd ac ati.
3. Colli tref gyfan wnaeth Tegid. Ydi'r plant wedi colli rhywbeth gwerthfawr erioed? Sut? Sut oedden nhw'n teimlo?

## Brwyniaid Afon Conwy

### Ysgrifenedig:
1. Gwneud casgliad o enwau a lluniau'r pysgod sydd i'w gweld mewn afonydd a llynnoedd lleol.
2. Sgrifennu gweddi i ofyn am gymorth i eraill llai ffodus megis y tlawd a'r anghenus yn y Trydydd Byd.
3. Sgrifennu llythyr i'w gynnwys yn un o focsus esgidiau Operation Christmas Child.

### Llafar:
1. Trafod y tywydd a'i bwysigrwydd. Gellir trafod a chasglu dywediadau am y tywydd, megis y llu disgrifiadau o law, arwyddion tywydd, ac ati.
2. Trafod peryglon gormodedd o unrhyw fath o dywydd, fel a geir yn y stori, boed law, haul, eira, gwynt ac ati. Gellir cael y plant i gymryd arnynt eu bod yn ohebydd newyddion yn sylwebu ar dywydd eithafol.
3. Cyflwyno'r syniad o newyn, sy'n codi'n aml o ormodedd o haul a sychder yn y Trydydd Byd.

## Seiriol Wyn a Chybi Felyn

### Ysgrifenedig:
1. Mae pwyntiau'r cwmpawd yn bwysig yn y stori. Gellir cyfeirio at fap lleoliad y chwedlau ac yna wneud gwaith ymarferol â chwmpawd i weld ble mae'r gogledd; y ffaith fod yr haul bob amser yn codi yn y dwyrain a machlud yn y gorllewin, ac ati.
2. Roedd gan y ddau sant ffugenwau a gellir gwneud gwaith ar y storïau sydd y tu ôl i rai ffugenwau megis Cwcws Dolwyddelan, Moch Môn, Brain Llantrisant ac ati.
3. Mae lle amlwg i gerdded a theithio yn y stori. Gellir cael y plant i sgrifennu disgrifiad byw o'u taith hwythau i'r ysgol bob dydd.

### Llafar:
1. Beth yw hoff daith gerdded y disgyblion?

Gellir gwneud gwaith sy'n pwysleisio'r synhwyrau: beth sydd i'w weld, glywed, arogli ac ati arni?

2. Rhoi cyfarwyddiadau llafar sut i gyrraedd man neu adeilad penodol.

3. Casglu ffugenwau o bob math. Gall hyn arwain at hwyl creu rhai newydd a gellir cychwyn dysgu am gyflythreniad.

## March a'i Glustiau

### Ysgrifenedig:

1. Ceir sôn am delynor yn y stori. Gellir mynd ymlaen i wneud gwaith ysgrifenedig ar wahanol alwedigaethau a'u teitl neu ganolbwyntio ar un alwedigaeth ac o bosib gael rhywun megis meddyg, milfeddyg, gyrrwr bws, nyrs ac ati i drafod eu gwaith â'r plant yn gyntaf.

2. Mae'r delyn yn un o symbolau cenedlaethol Cymru ond nid yw ond un o nifer fawr o offerynnau cerdd. Gellir llunio tabl/graff gan eu rhannu yn offerynnau llinynnol, chwythu, taro ac ati.

3. Llunio poster neu lythyr yn gwahodd gwesteion i wledd y tywysog March.

### Llafar:

1. Hanfod y stori yw'r pwysau a roddir ar unigolyn sy'n ceisio celu cyfrinach. Gellir trafod hyn yn y dosbarth, gan ddangos pwysigrwydd rhannu cyfrinach.

2. Dramateiddio ac actio golygfeydd o'r stori.

3. Oes hen adeilad diddorol yn yr ardal y ceir stori amdano? Gellir cael y plant i holi ar lafar ac yna adrodd unrhyw hanes yn y dosbarth.

## Pont y Gŵr Drwg

### Ysgrifenedig:

1. Gorffen stori megis: 'Un dydd wrth groesi'r bont . . .'

2. Llunio hunangofiant pont.

3. Gan y ceir sôn am Modlen y fuwch yn y stori gellir casglu rhestr o enwau traddodiadol ar wartheg, cŵn ac ati. Gellir hefyd lunio rhestr o anifeiliaid anwes y dosbarth a'u henwau.

### Llafar:

1. Cael y plant i gasglu straeon am bontydd yn yr ardal ac yna eu hadrodd yn y dosbarth.

2. Casglu dywediadau gyda 'phont' ynddynt, megis 'pont y glaw'.

3. Edrych ar fap o Gymru a gweld sawl lle sydd â'r elfen pont yn rhan o'i enw.

4. Trafod gwahanol ddulliau o groesi dŵr: rhyd, cerrig camu, pontydd (o wahanol fath), fferi ac yn y blaen.

## Geni Dewi Sant

### Ysgrifenedig:

1. Cael y plant i ddychmygu mai hwy yw'r mynach dall yr adferwyd ei olwg wrth fedyddio Dewi ac yna sgrifennu llythyr at y teulu yn dweud beth ddigwyddodd, sut oedden nhw'n teimlo, beth oedd y peth cyntaf a welsant, ac ati.

2. Llunio pos chwilair i'r plant chwilio am eiriau ac enwau o'r stori.

3. Pwy yw nawddseintiau gwledydd eraill? Oes chwedlau amdanynt?

4. Gan fod y tywydd â rhan amlwg yn y stori hon, gellir cael y plant i sgrifennu darnau dychmygus megis: storm ar y môr; diwrnod crasboeth o haf; gwynt yr hydref, ac ati.

### Llafar:

1. Cael y plant i sôn am lecyn sydd yn arbennig yn eu golwg hwy. Gallant ei ddisgrifio ac esbonio pam mae mor arbennig iddynt.

2. Cael un o'r plant i gymryd arno/arni mai ef/hi yw Dewi Sant/Non ac ateb cwestiynau am y stori gan y gweddill.

3. Cael y plant i holi am ffynhonnau iachusol yn yr ardal ac adrodd eu hanes yn y dosbarth. Gellir gwneud y gwaith hwn ar dâp.

4. Gellir trafod anabledd yn sgïl y mynach dall sydd yn y stori. e.e. llunio rhestr o'r pethau nas gwelir os yn ddall.

## Ogof Arthur

### Ysgrifenedig:

1. Mae lle amlwg i goeden arbennig yn y stori. Gellir cael y plant i gasglu enwau coed yr ardal a dysgu eu hadnabod. Medrir hefyd wneud gwaith bwrdd natur gyda dail a ffrwythau.

2. Nid aur ac arian yw'r unig drysor o bell ffordd: gellir cael y plant i sgrifennu darn am eu trysor pennaf hwy.

3. Llunio stori gyda thrysor cudd yn ganolog iddi.

**Llafar:**

1. Mynd i ffair yn Llundain yr oedd y porthmon yn y stori. Roedd sawl ffair yn cael eu cynnal yng Nghymru ers talwm a gellir cael y plant i gasglu hen luniau ohonynt a'u trafod yn y dosbarth.
2. Gwaith llafar digon hwyliog fyddai trafod lle byddai'r plant yn cuddio trysor petai rhaid.
3. Cael y plant i ddisgrifio teimladau'r dewin wrth weld y porthmon a'i ffon ar Bont Llundain; y porthmon wrth fentro i'r ogof am y tro cyntaf; Arthur o gael ei ddeffro heb reswm digonol.
4. Stori am fod yn farus yw hon yn ei hanfod. Gallai'r plant lunio dramodig gyda moeswers ynddi.

## Penglog Teilo

**Ysgrifenedig:**

1. Sonnir am sawl Llandeilo yn y stori. Gellir gwneud casgliad o'r llannau lleol a gweld faint sydd wedi eu henwi ar ôl seintiau. Gellir wedyn gofnodi ambell stori neu draddodiad amdanynt.
2. Llunio stori yn cychwyn â'r geiriau: 'Amser maith yn ôl . . .'
3. Gwella afiechyd yw hanfod y stori. Gellir cael y plant i sgrifennu darn am eu profiad o fod yn wael a sut y cawsant eu gwella.

**Llafar:**

1. Er mai ffynnon iachusol sydd yn y stori, prif bwrpas ffynnon oedd i gyflenwi dŵr. Sut mae pobl yn cael dŵr erbyn hyn? O ble y daw o? Sut?
2. Trafod pam oedd mwy o salwch ac afiechyd ers talwm.
3. Symudwyd Llandeilo Tal-y-bont i'r Amgueddfa Werin yn Sain Ffagan. Pam tybed? Pa adeilad o'r ardal fyddent hwy yn ei ddiogelu drwy ei ail-godi yn yr Amgueddfa?

## Cawr Cas Gilfach Fargod

**Ysgrifenedig:**

1. Gan fod i flodau a choed le amlwg yn y stori, gellir cael y plant i lunio casgliad o enwau Cymraeg blodau gwyllt yr ardal.
2. Mae sôn am hapusrwydd a thristwch yn y stori a gellir cael y plant i lunio cyfres o gymariaethau: – hapus fel . . .; – trist fel . . .
3. Yn y stori mae Belene yn sôn am reolau a gellir cael y plant i sgrifennu, llunio neu gasglu cyfres o reolau megis rhai'r ysgol, cefn gwlad, croesi'r ffordd ac ati.

**Llafar:**

1. Yn y stori mae Gwarwyn yn siarad â gwdihŵ. Gellir cael y plant i lunio deialog byrfyfyr rhyngddynt ac adar eraill megis robin goch, y gwcw, gwylan, alarch ac ati.
2. Yn y gwaith ysgrifenedig lluniwyd cymariaethau hapus fel . . . /trist fel . . . Gellir mynd â hyn gam ymhellach drwy drafod pryd mae rhywun yn drist a phryd mae rhywun yn hapus.
3. Gellir trafod pwysigrwydd rheolau a pham y lluniwyd hwy. Gellir gwahodd pobl megis heddwas neu warden cefn gwlad i'r ysgol i siarad â'r plant ac i ateb eu cwestiynau.

# Llyfrau darllen difyr, llawn lluniau lliwgar yn seiliedig ar straeon gwerin Cymru

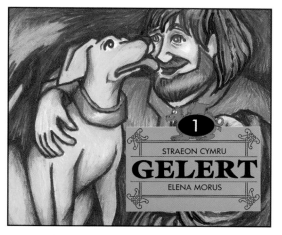

## STRAEON CYMRU

Mae'r gyfres hon yn llenwi bwlch wrth gyflwyno rhai o straeon gorau ein gwlad i'r to sy'n codi. Lluniau lliw trawiadol gan Carys Owen. 36 tud. yr un.

### 1. GELERT

Mae hanes Gelert, ci ffyddlon y tywysog Llywelyn, yn un sydd wedi cyrraedd calonnau plant Cymru ers cenedlaethau. Dyma hi'n cael ei hadrodd o'r newydd ar gyfer ton arall o blant sydd bob amser yn mwynhau stori dda.
*Elena Morus, Rhif Rhyngwladol: 0-86381-291-0, £3.25*

### 2. OLWEN

Dyma un o chwedlau hynaf yr iaith Gymraeg. Stori liwgar, llawn rhamant ac antur am y modd y llwyddodd arwr ifanc o'r enw Culhwch i ennill Olwen, merch y cawr, yn wraig.
*Elena Morus, Rhif Rhyngwladol: 0-86381-292-9, £3.50*

### 3. CLUSTIAU MARCH

Chwedl sy'n adrodd hanes am y Brenin March ap Meirchion a'i glustiau anhygoel, ac am y modd y daeth y bobl i wybod am gyfrinach ei glustiau.
*Elena Morus, Rhif Rhyngwladol: 0-86381-329-1, £3.50*

### 4. CANTRE'R GWAELOD

Hanes boddi Cantre'r Gwaelod yw un o chwedlau mwyaf adnabyddus Cymru. Hanes y môr creulon yn torri'r mur uchel oedd yn amddiffyn y wlad oherwydd esgeulustod y pengwyliwr, Seithenyn.
*Elena Morus, Rhif Rhyngwladol: 0-86381-363-1, £3.50*

### 5. MERCH Y LLYN

Dyma un o chwedlau gwerin mwyaf adnabyddus Cymru. Hanes llawn rhamant a thristwch am y gŵr ifanc o'r Mynydd Du a syrthiodd mewn cariad dros ei ben a'i glustiau â'r ferch arallfydol o Lyn y Fan Fach.
*Esyllt Nest Roberts, Rhif Rhyngwladol: 0-86381-414-X, £3.50*

### 6. DINAS EMRYS

Dyma hanes y brenin Gwrtheyrn a geisiodd godi castell ar fryn wrth droed yr Wyddfa flynyddoedd maith yn ôl. Ond roedd rhywun, neu rywbeth, yn benderfynol o'i atal.
*Esyllt Nest Roberts, Rhif Rhyngwladol: 0-86381-439-5, £3.50*

# CYFNOD ALLWEDDOL 1

## 7. DWYNWEN

Ionawr y 25ain yw'r diwrnod pan fydd cariadon yn gyrru cardiau ac anrhegion i'w gilydd i ddathlu dydd gŵyl Santes Dwynwen. Ond pwy oedd Dwynwen a pham ydan ni'n cofio amdani fel hyn?
*Esyllt Nest Roberts, Rhif Rhyngwladol: 0-86381-468-9, £3.50*

## 8. ELIDIR A'R TYLWYTH TEG

Wrth guddio ar lan afon Nedd daw Elidir o hyd i dwnnel i wlad y Tylwyth Teg. Daw'n gyfeillgar iawn â'r bobl bach ond mae'r chwarae'n troi'n chwerw . . .
*Esyllt Nest Roberts, Rhif Rhyngwladol: 0-86381-530-8, £3.50*

## 9. BLODEUWEDD

Stori'r ferch o flodau.
*Esyllt Nest Roberts, Rhif Rhyngwladol: 0-86381-569-3, £3.50*

# CHWEDLAU O GYMRU

## CADOG A'R LLYGODEN

Roedd newyn mawr yn y tir – y tywydd yn sych, dim yn tyfu a'r bobl yn llwglyd ac yn wan o ddiffyg bwyd. Mynach oedd yn benderfynol o geisio helpu'r bobl druan oedd Cadog ac mae pethau'n gwella pan gaiff gymorth llygoden fach fywiog . . .
Rhif Rhyngwladol: 0-86381-416-6

## RHYS A CHWCW RHISGA

Stori am y gog ydi hon, stori am y dyddiau hapus hynny pan glywn ni'r gog yn canu. Dyddiau'r gwanwyn, dyddiau'r haf ac yn Rhisga, fel mewn llawer lle arall, doedd y bobl ddim eisiau gweld y gog yn eu gadael . . .
Rhif Rhyngwladol: 0-86381-418-2

Dau lyfr clawr caled, maint A4, llawn lluniau lliwgar, 16 tud., £2.99 yr un.

Stori: Siân Lewis
Dylunio: Gini Wade

*Argraffiad newydd* # Straeon ac Arwyr Gwerin Cymru

**12 stori werin gan John Owen Huws wedi'u dylunio gan Catrin Meirion. Cyfnod Allweddol 2.**
*Y Wibernant; Ifor Bach; Dreigiau Myrddin Emrys; Taliesin; Gwrachod Llanddona; Morwyn Llyn y Fan; Elidir; Caradog; Cae'r Melwr; Dewi Sant; Breuddwyd Macsen; Cantre'r Gwaelod*
**160 tud; maint A5; Rhif Rhyngwladol: 0-86381-575-8; Pris: £4.75**

**Carreg Gwalch**

Ar gael yn eich siopau lleol, neu drwy gysylltu â swyddfa'r wasg:
Gwasg Carreg Gwalch, 12 Iard yr Orsaf, Llanrwst, Dyffryn Conwy, LL26 0EH
☎ 01492 642031  📠 01492 641502  ✎ llyfrau@carreg.gwalch.co.uk
Lle ar y we: www.carreg-gwalch.co.uk

# Colourful and entertaining reading books, based on traditional Welsh tales

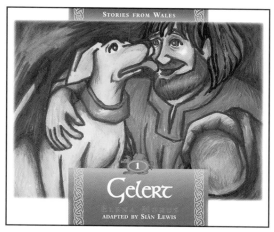

## STORIES FROM WALES

This series introduces some of our country's best-loved stories to a new generation, with plenty of eyecatching colour illustrations by Carys Owen.

### 1. GELERT

The tale of Gelert, Prince Llywelyn's faithful hound, has touched the hearts of Welsh children for generations. Here, it is told anew for another generation of children who enjoy a good story.
*Elena Morus; Adapted by Siân Lewis ISBN: 0-86381-392-5, £3.50*

### 2. OLWEN

One of the oldest Welsh legends. A colourful tale of romance and adventure, which tells how a young hero named Culhwch succeeded in winning the hand of Olwen, the giant's daughter, in marriage.
*Elena Morus; Adapted by Siân Lewis ISBN: 0-86381-393-3, £3.50*

### 3. THE KING'S EARS

A legend recounting the tale of King March ap Meirchion and his incredible ears, and of how the people found out about his secret.
*Elena Morus; Adapted by Siân Lewis ISBN: 0-86381-394-1, £3.50*

### 4. THE LOST LAND

The tale of the drowning of Cantre' Gwaelod which lay on the shores of Cardigan Bay. Seithenyn was the sentry in charge of the sea wall, but Seithenyn was lazy.
*Elena Morus; Adapted by Siân Lewis ISBN: 0-86381-524-3, £3.50*

### 5. THE LADY OF THE LAKE

A tale of sadness and romance, which tells how Hywel falls in love with the beautiful and mysterious lady of the lake.
*Esyllt Nest Roberts; Adapted by Siân Lewis ISBN: 0-86381-525-1, £3.50*

### 6. DINAS EMRYS

Long, long ago King Gwrtheyrn tried to build a castle at the foot of Snowdon. But however hard he tried, someone – or something was determined to stop him.
*Esyllt N Roberts; Adapted by Siân Lewis ISBN: 0-86381-526-X, £3.50*

# KEY STAGE 1

**To be published in 1999:**

**7. DWYNWEN**
The patron saint of lovers in Wales.

**8. ELIDIR**
An adventure with the king of the fairies.

**9. THE FLOWER MAIDEN**
The story of the maiden that was wizarded from flowers.

**£3.50 each**

## FOLK-TALES FROM WALES

### CADOG AND THE MOUSE

There was a great famine in the land – the season was dry, nothing grew and the people were weak with hunger. But a kind monk, Cadog, decided to help these poor people find food. Things began to look up when he met a little lively mouse . . .
*ISBN: 0-86381-417-4*

### RHYS AND THE CUCKOO OF RISCA

This is a story about the cuckoo, a story about those happy days when we hear the cuckoo's song. Spring days, summer days and at Risca, like many other places, the people did not want to see the cuckoo leaving . . .
*ISBN: 0-86381-419-0*

Two hard back books, A4 size, full colour illustrations, 16 page, £2.99 each.

**Story: Siân Lewis**
**Illustrations: Gini Wade**

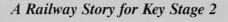

*A Railway Story for Key Stage 2*
# The Ffestiniog Adventure

**by Pamela Roberts; illustrations by John Shackell.**
*A completely new kind of train journey is waiting for four lively children when they are staying with their grandpa. This - a real steam railway - is the Ffestiniog Adventure.*
**48 pages; A5 size; ISBN: 0-86381-548-0; Price: £2.99**

Available at your local bookshops or by contacting the press:
Gwasg Carreg Gwalch, 12 Iard yr Orsaf, Llanrwst, Dyffryn Conwy, LL26 0EH
☎ 01492 642031   🖷 01492 641502   ✆ books@carreg-gwalch.co.uk
Internet: www.carreg-gwalch.co.uk